Nach math a bhith a' cur fàilte air guth ùr ann an saoghal na
bàrdachd. Ùr 's dòcha, ach chan ann neoichiontach òg: tha doimhne
chumhachdach de dh'fhaireachdainn is de smuain sna dàin seo,
eadar òige aotrom aoibhneach ga cuimhneachadh, meòrachadh air
deuchainnean na beatha, dùrachd spioradail agus teagamh, tàir is
tiomachd, creuchdan agus cridhe blàth, teaghlach is dualchas.

*An original and intriguing first collection, by turns tender and scathing,
reflective and raw, devout and sceptical, warm and dryly humorous, and
with a strong atmospheric sense of place and of person, past and present.*

—An Dotair Michel Byrne

Tha farsaingeachd, doimhneachd, aotromas agus cianalas anns
a' chruinneachadh eireachdail seo. Tha Marion F. NicIlleMhoire
gar toirt bho raointean Ghalile gu saor-làithean ann am Barraigh
agus bho thaighean-dealbh Ghlaschu gu sgeulachdan bròin agus
aoibhneis ann an Uibhist—an t-eilean far an do rinn i a dachaigh
fad iomadh bliadhna. Tha dlùth choimhearsnachd, dàimhean
teaghlaich agus creideamh làidir gu sònraichte a' nochdadh
san leabhar seo. Tha a' bhàrdachd siùbhlach, eirmseach agus
drùidhteach ann an iomadh nòs agus stoidhle—mholainn an
cruinneachadh seo aig Marion dhuibh gu mòr.

*There is diversity, depth, lightness and longing in this beautiful collection.
Marion F. Morrison takes us from the plains of Galilee to holidays in
Barra and from the picture-houses of Glasgow to tales of sadness and joy
in Uist—the island where she made her home for many years. Close-
knit community, family ties and a strong faith come across strongly in
this book. The poetry is flowing, eloquent and poignant using a range of
styles—I heartily recommend Marion's collection to you.*

—Gillebrìde Mac 'IlleMhaoil

Adhbhar Ar Sòlais

Cause of Our Joy

Adhbhar Ar Sòlais

Cause of Our Joy

Marion F. NicIlleMhoire

Marion F. Morrison

bradan
press

Halafacs, Alba Nuadh | *Halifax, Nova Scotia*
Canada

Chaidh Adhbhar Ar Sòlais / Cause of Our Joy fhoillseachadh an toiseach le Clò a' Bhradain ann an 2018.

Clò a' Bhradain, Halafacs, Alba Nuadh, Canada
info@bradanpress.com | www.bradanpress.com

Chuidich Comhairle nan Leabhraichean am foillsichear le cosgaisean an leabhair seo.

Adhbhar Ar Sòlais / Cause of Our Joy was first published by Bradan Press in 2018.

Bradan Press, Halifax, Nova Scotia, Canada
info@bradanpress.com | www.bradanpress.com

The Gaelic Books Council assisted the publisher with the costs of publishing this book.

Library and Archives Canada Cataloguing in Publication

Morrison, Marion F., 1950-, author
Adhbhar ar sòlais / Marion F. NicIlleMhoire = Cause of our
joy / Marion F. Morrison.

Issued in print and electronic formats.
Poems in Scottish Gaelic with English translation on facing pages.
ISBN 978-1-988747-13-2 (softcover).--ISBN 978-1-988747-14-9 (Kindle).--
ISBN 978-1-988747-15-6 (EPUB).--ISBN 978-1-988747-16-3 (PDF)

I. Morrison, Marion F., 1950- . Adhbhar ar sòlais. II. Morrison, Marion
F., 1950- . Adhbhar ar sòlais. English. III. Title. IV. Title: Cause of our joy.

PB1648.M75A34 2018 891.6'314 C2018-905566-9
C2018-905567-7

Clàr-innse
Table of Contents

Air sgàth agus mar urram do mo phàrantan,
Aonghas MacIlleMhoire, Loch Aineort, Uibhist a Deas agus
Màiri Sìne NicNèill, An Gleann, Barraigh a dh'fhàg agam dìleab
phrìseil, creideamh, cànain agus dualchas nan Gàidheal agus a rinn
làithean na h-òige agam fhìn agus mo thriùir bhràithrean
cho sòlasach.

*I would like to dedicate this first collection of my poems to the memory
of my parents, Angus Morrison, Loch Eynort, South Uist and Mary Jane
MacNeil, Glen, Isle of Barra who passed on to me their faith, their love
of Gaelic and its culture, and who gave myself and my three brothers
such a joyful childhood.*

Anns an dealbh-chòmhdaich: aig an aghaidh, Dòmhnall Eòsaph MacIlleMhoire, Theresa NicIllFhialain (nach maireann); sa mheadhan, Katherine Anne NicIllFhialain, Dòmhnall Iain MacIlleMhoire; aig a' chùl, Marion F. NicIlleMhoire, Marian NicIllFhialain.

Pictured on the front cover: front, Donald Joseph Morrison, the late Theresa MacLellan; middle, Katherine Anne MacLellan, Donald John Morrison; back, Marion F. Morrison, Marian MacLellan.

Ro-ràdh

Thogadh Marion Fiona NicIlleMhoire ann an Glaschu far an
robh dachaigh a teaghlaich na h-òige ach tha ceangal làidir aice
ri Barraigh, far an do rugadh i, agus ri Uibhist a Deas às an robh a
h-athair. Nuair a bha i òg bhiodh i tric a' cur seachad làithean-saora
anns na h-eileanan sin. Bha i a' teagasg ann an Sgoil Lionacleit airson
bliadhnaichean agus tha i a-nise a' fuireach ann an Uibhist a Deas.

Nuair a bha i san oilthigh ann an Glaschu, am measg nan
òraidichean aice bha Edwin Morgan agus Philip Hobsbaum. Airson
ùine bha i na ball de Chòisir Òigridh Cheòlraidh Ghàidhlig Ghlaschu
far an d' fhuair i eòlas air òrain le Dòmhnall Ruadh Chorùna,
Dòmhnall Mac an t-Saoir (Dòmhnall Ruadh Phàislig) agus bàird
eile. Aig an àm sin bha bàrdachd Mhurchaidh MhicPhàrlain agus na
h-òrain aig Na h-Òganaich a' còrdadh rithe cuideachd.

Bha dhà no trì rudan follaiseach dhomh nuair a leugh mi
a' bhàrdachd aig Marion an toiseach: bha a guth bàrdail fhèin aice,
guth a bha ag èirigh às an dualchas Chaitligeach anns an deach a
togail; tha a cuid Gàidhlig siùbhlach agus nàdarra agus rud a bhuail
orm cuideachd 's e gu bheil creideamh na chuspair cudromach sa
bhàrdachd aice.

Uaireannan, tha cruinneachaidhean bàrdachd chràbhach ann
a tha a' cumail bàrdachd mar sin air leth bho bhàrdachd a tha mu
chùisean cumanta no mu bheatha làitheil. Ach 's toigh leamsa nuair
a tha measgachadh ann; 's e aon saoghal a th' ann agus aon inntinn
a tha dèiligeadh ris (aig bàrd no bana-bhàrd) agus aon bheatha. Air
an adhbhar sin, bhithinn a' sùileachadh gum biodh sealladh aon-
fhillte air an t-saoghal aig neach. Chan e a bhith a' sgaradh saoghal
a' chreideimh bhon t-saoghal àbhaisteach ach gu bheil an sealladh slàn
a th' aig sgrìobhaiche a' tighinn am follais anns an sgrìobhadh aca.

Tha faireachadh agam gur ann mar sin a tha a' bhàrdachd aig
Marion. Tha measgachadh math ann de dhàin a tha dèiligeadh gu
dìreach ri creideamh, feadhainn mu rudan a thachair na h-òige agus
feadhainn mu rudan a thachair na beatha nuair a bha i nas sine.

Foreword

Marion Fiona Morrison was brought up in Glasgow where the family home was but she has strong ties to Barra, where she was born, and to South Uist where her father was from. As a child she would often spend holidays in these islands. For years she taught in Liniclate School (Sgoil Lionacleit) and now, since her retirement, she lives in South Uist.

In her university days in Glasgow, her tutors included Edwin Morgan and Philip Hobsbaum. For a time she was a member of the Glasgow Gaelic Musical Association Junior Choir where she became acquainted with the songs of Donald MacDonald (Dòmhnall Ruadh Chorùna), Donald MacIntyre (Dòmhnall Ruadh Phàislig) and others. She also appreciated Murdo MacFarlane's poetry and the songs of Na h-Òganaich.

A number of things impressed me when I first read Marion's poetry: she has her own poetic voice, which issues from the Catholic heritage in which she was brought up; her Gaelic is fluent and natural and it also struck me that faith was an important element in her poetry.

Sometimes, collections of religious poetry are published separately and kept apart from secular poetry or poetry of daily life. But I like it when the two are brought together: it is one world and one mind (the poet's) dealing with it, and one life. Because of that I would expect one to have a singular vision of the world. Not a separation of the world of faith from the ordinary world, but that the unified vision the writer has becomes evident in their writing.

I suspect that that is how Marion's poetry is. There is a good mix of poems dealing directly with matters of faith, others about events in her childhood and others about things that happened when she was older. But they are all guided by the whole vision afforded her by her Catholic faith.

In the poem 'Mary of Magdala by Herself', the poet, surprisingly, gives us Mary's thoughts as she contemplates Jesus. It's good that

Ach tha iad uile air an riaghladh leis an t-sealladh shlàn a tha ag èirigh bhon chreideamh Chaitligeach aice.

Anns an dàn 'Màiri à Magdala, na h-Aonar le a Smuaintean', tha a' bhana-bhàrd gu h-annasach a' toirt dhuinn na smuaintean aig Màiri à Magdala agus i a' sealltainn air Ìosa. Tha e math gu bheil an comas sin aice, 's e sin a bhith ga cur fhèin ann am brògan agus suidheachaidhean dhaoine eile. Tha i a' dèanamh an aon rud anns an dàn 'Peadair'.

Ach chan e dìreach caractaran às a' Bhìoball a th' anns an leabhar, tha mòran chuspairean eile ann. San dàn 'An Corcaidh' tha i ag innse mu thaigh-dhealbh gum biodh i a' dol nuair a bha i òg ann an Glaschu, e a' tòiseachadh: 'Madainn Disathairne / Bha sinn mar sgaothaig chuileagan / Air ar sgùradh le Brylcreem, Lifebuoy, Siabann Derbac.' H-abair spòrs. Agus tha i a' cuimhneachadh a h-òige ann am Barraigh cuideachd ann am 'Beannaich ar Làithean-saora—O Causa Nostra Laetitiae' aig deireadh na teirm nuair a bha an sgoil seachad agus a bhiodh a' chluich a' tòiseachadh: 'Ruith mi le mo chearcall / A' gliongadaich sìos an rathad / Cho luath ri Lambretta'. H-abair spòrs a-rithist.

Às dèidh dhi a bhith am measg nan sgrìobhadairean a fhuair Duais nan Sgrìobhadairean Ùra, 2017, bha e mar dhleastanas air Marion a dhol gu taisbeantas anns an 'Jam House' ann an Dùn Èideann airson leughadh a dhèanamh. 'S ann às an sin a dh'èirich an dàn 'Tha *Tremarctos Ornatus* ann an Vogue', agus i a' leughadh mu dheidhinn a' mhathain sin san iris *Vogue*. Ann an sin bha e ag innse mar a tha am mathan, a tha ri fhaighinn anns na h-Andes ann an Ameireaga a Deas, ann an cunnart a dhol à bith. Samhla math dh'fhaodte air cor na Gàidhlig, oir tha i ag ràdh: 'Nad shùilean speuclaireach / Tha mi gam fhaicinn fhìn' agus tha i 'A' cuartachadh nan iomallan / M' ainm-sa cuideachd sgrìobhte air an duilleig / ann am briathran seargte'.

Ach tha a cuid bàrdachd fhèin fada bho bhith nam briathran seargte agus bidh sinn an dòchas nach eil san leabhar seo ach a' chiad fhear de iomadh oidhirp.

Maoilios Caimbeul
Stafain, an t-Eilean Sgitheanach
Ògmhios, 2018

she has the ability to put herself in other people's shoes and situations. She does the same in the poem 'Peter'.

The collection has many other themes as well, not just characters from the Bible. In the poem 'The Corky' she describes how they used to go to a cinema in Glasgow when she was young. It starts, 'Early Saturday / We swarmed there, freshly scrubbed, / Brylcreem, Lifebuoy, Derbac soap.' What fun. And in the poem 'Take and Bless our Holidays—O Causa Nostra Laetitiae' she remembers her young days in Barra. It's the end of term when school is past and play can begin: 'I ran with my circle / Clink and clank down the hill / As fast as a Lambretta.' Again what fun.

As one of the writers in the New Writers Awards 2017, Marion was expected to go to a reading session in the 'Jam House' in Edinburgh. That was the occasion for the poem '*Tremarctos Ornatus* is in Vogue', when she happened to read about that particular bear in *Vogue* magazine. It told how the bear, which is to be found in the Andes ranges in South America, is in danger of extinction. A symbol perhaps for the Gaelic world, for she says: 'Encircled / We paw the margins of society / My name like yours on a page / In a dying language'.

But her own poetry is far from being '*briathran seargte*' (withered words) and we hope that this collection is just the first one of many more to come.

Myles Campbell
Staffin, Isle of Skye
June, 2018

Facal bhon Ùghdar

Rugadh mi an taigh mo sheanmhar anns a' Ghleann ann am Barraigh. Thagh mo mhàthair seo air sgàth 's gun robh m' athair aig muir agus bha e na bu shàbhailte dhi a bhith aig an dachaigh còmhla ri a teaghlach na bhith sa bhaile mhòr leatha fhèin.

Chaidh mo thogail ann an Glaschu agus chuir mi seachad làithean m' òige ann an Kingston gu math faisg air cidhe Windmillcroft agus na docaichean eile far am biodh bàtaichean, nam measg, am bàta aig m' athair, air acair. Bha sinn gu math luaisgeanach agus bha an ceàrnaidh làn fuaim, fàilidhean, dathan agus gleadhraich nam bàtaichean mòra a bha tighinn bho dhùthchannan cèine. Bhiodh seòladairean a' tadhal le gibhtean bho thall thairis: ceasaichean de bhananathan, a bha gann aig an àm, agus blocaichean mòra de sheòclaid a chaidh a shàbhaladh nuair a bhristeadh bogsaichean a' chargu.

Bha sinn a' fuireach os cionn sreath de bhùthan, nam measg greusaiche agus bùth mheasan a bha aig fògarrach Iùdhach, Barney, le sùilean caogach is speuclairean mòra. Bha an taigh-seinnse an Rosebud tarsainn an rathaid. Bha e ainmeil airson boireannaich a leigeil a-staigh, agus uaireannan gan tilgeil a-mach aig àm dùnaidh. Bhiodh sinn a' coimhead orra a' dèanamh rathad cugallach dhachaigh bho chùl ar cùirtearan. Bha nàbaidhean de gach seòrsa againn, gu sònraichte tè ris an canar Cailleach nan Deargann. Bha rabhadh air a thoirt dhuinn cumail air falbh bhon chloinn aice a chionn 's gun robh iad làn mhialagan.

Bha saorsa againn ged a bha airgead gann ach bha sinn a' faighinn togail-inntinn leis cho brèagha 's cho beò 's a bha am baile. Bha eadhon an eaglais annasach leis gun robh dealbhan 's ìomhaighean, nam measg, Slighe na Croise, rim faicinn. Bha an Aifreann ann an Laideann agus bhiodh na clèirich a' tighinn dhan taigh againn airson nam freagairtean Laidinn ionnsachadh. Thòisich sinn air Fraingis ionnsachadh nuair a bha sinn sa bhun-sgoil. Tha e soilleir gun robh na cànanan eadar-dhealaichte 's na h-ìomhaighean tarraingeach gar tàladh gu àitichean dìomhair.

A Word from the Author

My place of birth was at my grandmother's house in Glen, Isle of Barra—a venue chosen by my mother as our father was at sea, and with two small boys it was easier for her to be at home with her own family.

My early days were spent in Glasgow where we lived in Kingston only a few hundred yards from Windmillcroft Quay and the other docks where ships, including my father's, berthed. Childhood then was incredibly free and the environment was teeming with noise and smells, colour and the excitement of ships from far distant lands. Sailors came to our house bearing gifts from afar: cases of bananas, which were scarce at the time, and huge blocks of chocolate that had been salvaged from broken containers in the hold of my father's ship.

We lived above a row of shops which included a cobbler and a fruit shop run by a Jewish refugee called Barney with googly eyes and huge spectacles. The Rosebud pub was diagonally across. It was notorious for admitting women and sometimes throwing them out at closing time. We watched their unsteady progress from behind our shutters as they sang their way home. We had neighbours of all nationalities and social backgrounds which included one known only as 'Cailleach nan Deargann' whose children we were warned to stay away from as they carried head lice.

We had much freedom but very little money, so our imagination was fired mainly by the colourful environment and by going to church, which was somewhat exotic with images such as the Stations of the Cross. In church, Mass was in Latin and our house was a venue for altar boys to learn their responses. We started French in primary school and therefore languages and the imagery of other tongues provided a window into other more mystifying worlds. The cinema gave us our main experience of the outside world and as children were admitted for a very small fee, or by bringing empty bottles of pop or jam jars, we could visit the Corky, our local flea pit, twice a week.

Bha an taigh-dhealbh cuideachd a' toirt dhuinn cothrom saoghal eile fhaicinn agus cha robh e daor. Bhiodh sinn a' faighinn a-staigh dhan 'Chorcaidh', an taigh-dhealbh ionadail, agus a' pàigheadh le crogain-silidh neo botail liomaineud a bha falamh, dà thuras gach seachdain. Tha mi cinnteach gun do bheothaich na tachartasan seo mo mhac-meanmna nuair a bha mi gu math òg.

Bha Gàidhlig againn mar chiad chànan agus aig an àm bha an t-uabhas de theaghlaichean às na h-eileanan anns a' choimhearsnachd a' bruidhinn na Gàidhlig agus a' cumail suas an dualchais. Bha sinn fhìn a' dol gach seachdain gu clasaichean dannsa, agus gu na cèilidhean aig talla na h-eaglais. Bha na làithean-saora fada againn ann am Barraigh agus Uibhist agus an sin, fhuair sinn an cothrom a bhith siubhal fada 's farsaing a' dèanamh dhreasairean beaga, agus bàtaichean le crogain agus le sealastair. Bhiodh sinn a' cruinneachadh aig na pòlaichean-teileagraif a bha air am fàgail sìnte air a' chnoc aig mullach an rathaid anns a' Ghleann.

Bhiodh mo mhàthair ag aithris bàrdachd san dà chànan agus bha iad aice air a teangaidh. Bhiodh sinne a' dèanamh an aon rud ach cha robh sinne a' tuigsinn gur e rud car annasach a bha seo am measg muinntir a' Ghlinne.

Ged a bha ùidh mhòr agam ann an sgrìobhadh, cha robh mòran misneachd agam bho nach deach mi gu sgoil far an robh Gàidhlig na cuspair, ach chòrd e rium a bhith ann an Còisir Òigridh Cheòlraidh Ghàidhlig Ghlaschu far an do dh'fhàs mi eòlach air òrain 's air bàrdachd. Ach 's ann nuair a thòisich mi air teagasg a bha mi a' faicinn cho cudromach 's a bha bàrdachd airson a bhith a' brosnachadh na h-òigridh gu bhith a' sgrìobhadh.

Ann an 2017, nuair a fhuair mi Duais nan Sgrìobhadairean Ùra, thòisich mi air cruinneachadh a dhèanamh dem bhàrdachd fhìn an àite a bhith gan tilgeil don t-sitig.

Leugh mi an àiteigin gun robh sgrìobhadh mar phrìosan neo mar eilean, gun dòigh air faighinn às. Ach tha e cuideachd mar Phàrras far am faod thu bhith leat fhèin, led smuaintean anns an t-sòlas tha a' drùdhadh ort le bhith a' cur ann am faclan na tha nad chridhe.

Bha a' bhliadhna a dh'fhalbh na h-adhbhar sòlais dhòmhsa. Cha bhi sinn a' faireachdainn sòlas gus am bi sinn a' dol tro phian 's call agus duilgheadasan eile nar beatha. Tha an leabhar seo a' toirt iomradh air rudan co-cheangailte ri creideamh, ach cuideachd

Gaelic was our first language and that was sustained due to the fact that there were so many other families in Glasgow speaking Gaelic and preserving the culture. We went to Highland dancing lessons, chanter, and ceilidhs in the church hall on a weekly basis. In addition, we had our long holidays 'at home' in Barra and South Uist and the chance to roam free making dens, and go-carts, tin boats and little boats made of iris leaves. We would meet at our headquarters, the abandoned telegraph poles lying in a field at the top of the road in Glen.

Our mother recited poetry to us in both languages and seemed to have learned huge screeds by heart. As children we had little awareness of what other families did, so we grew up finding it quite natural to burst into verse or song.

Although I had a strong interest in writing, my confidence in Gaelic was not great as I had not been to a school which taught Gaelic. My love of Gaelic song and poetry grew when I became a member of the Glasgow Gaelic Musical Association Junior Choir. It was as a teacher that I began to see the huge value of poetry through the impact it could have on children.

In 2017, after winning the Gaelic New Writers Award, I embarked on collecting the pieces I was writing rather than putting them in the bin as I had done in the past.

I read somewhere that writing is like a prison or an island from which there is no escape, but it is also like a paradise where you have the solitude of your thoughts and the joy of putting into words the essence of what you for the moment understand and with your whole heart want to believe in.

This past year of producing the collection has been a cause of joy for me, and that should not be confused with the state of happiness. I think we can only experience joy if we understand pain and loss and other feelings which are at times difficult to confront. This collection covers themes relating to faith, but also to uncertainty and the way that the spirit responds to the challenges of everyday life. Living as I do now, on an island where faith and spirituality permeate every aspect of life, is another sort of joy which is reflected in the language and imagery of the church and which provides a rich tapestry of experiences and ideas revealed in the beautiful prayers and hymns.

An t-ùghdar còmhla ri a bràthair Ailean MacIlleMhoire (mion-dealbh). | *The author with her brother Allan Morrison (detail).*

rudan nach eil cho cinnteach agus mar a tha an spiorad againn a' gabhail ri trioblaidean làitheil. 'S e adhbhar sòlais a th' ann a bhith a' fuireach air eilean far a bheil creideamh agus spioradalachd anns a h-uile pàirt den bheatha agus tha sin follaiseach anns na laoidhean agus na h-ùrnaighean àlainn a tha sinn a' cleachdadh.

Tha mi fìor thoilichte mo chiad leabhar a sgrìobhadh ann an Gàidhlig agus a bhith a' beachdachadh air beartas fuaimean agus dathan na cànain. Ach cuideachd ann am Beurla chòrd e rium na cuspairean (neo na smuaintean) a bha a' dùsgadh nam mhac-meanmna a' sgrìobhadh ann am briathran freagarrach. Chan eil seo idir na eadar-theangachadh litireil ach air a chur sìos ann an nàdar cruthachail bhon a tha brìgh ioma-dhathach ann am faclan gach cànan.

Thug an obair sgrìobhaidh seo cothrom dhomh moladh a thoirt don chultar, na daoine agus mo theaghlach: mo phàrantan, agus mo thriùir bhràithrean, Dòmhnall Iain, Dòmhnall Eòsaph agus Ailean nach maireann a chaochail gu h-obann anns an Iuchar 2017. Bha Ailean na neach-ciùil air leth agus bhiodh e cur thugam pìosan bàrdachd a bhiodh e fhèin a' sgrìobhadh. Anns an dàn 'Loch Aineort' tha Ailean a' moladh an dachaigh againn an Uibhist agus tha mi a' cur a' phìos seo a-steach an seo airson a shealltainn gu bheil brìgh na bàrdachd anns gach duine.

An t-ùghdar còmhla ri a bràithrean agus a co-oghaichean, mu 1956 ann am Barraigh. Làimh chlì gu làimh dheis: Dòmhnall Iain MacIlleMhoire, Louise (NicNèill) Feekery, Marian NicIllFhialain, Ailean MacIlleMhoire, an t-ùghdar, Katherine Anne NicIllFhialain, agus Dòmhnall Eòsaph MacIlleMhoire. | *The author with her brothers and cousins, circa 1956 in Barra. Left to right: Donald John Morrison, Louise (MacNeill) Feekery, Marian MacLellan, Allan Morrison, the author, Katherine Anne MacLellan, and Donald Joseph Morrison.*

It has been a delight to write my first collection of poems in Gaelic and to explore the riches of the language in its sounds and colours. But I have also enjoyed recreating versions of the poems in English in which the ideas are shared, although not in the sense of translating literally, because the two languages have their own distinct colourful and complementary voices.

Writing the collection has been a way of paying tribute to the Gaelic culture, the people and my family: my parents and my three brothers, Donald John, Donald Joseph and the late Allan who died suddenly in July 2017. Allan was an accomplished musician and budding writer himself and latterly he shared his own poetry with me. The poem 'Loch Eynort' is his tribute to our homeland and I include it to show that everyone carries their own poetic spirit within them.

Loch Aineort

le Ailean Ruaraidh MacIlleMhoire

An gàrradh cloiche 's na feansaichean gun chrìoch
Fàileadh na bàthcha
Dà bhò, dà chù
Dachaigh
Às aonais dealan
Às aonais uisge.
Sinn a' leumadaich sna dìgean
A' streap suas Gèithebhal
An sgoth air muir-lìonaidh
Eala bhàn air an loch.
Granaidh a' stealladh bainne oirnn
'S i bleoghan na bà.
M' athair a' cluich an fheadain
A' lasadh an lampa.
Sgeulachdan,
Òrain,
Ùrnaigh,
Facal Dhè
Aig ciaradh an là.

Loch Eynort

by Allan Roderick Morrison

The drystone dyke and those endless fences
The stench of the byre
Two cows, two dogs
A home
No light
No water.
We leapt the ditches
Climbed Gèithebhal
The boat on full tide
A mute swan on the loch.
Granny squirting milk on us
From the cows.
My father on the chanter
The lighting of the lamps.
Stories,
Songs,
Prayers,
The word of God
At the closing of day.

Dàin

Poems

An Corcaidh

Taigh-dhealbh Ardgowan ann an Glaschu

Madainn Disathairne
Bha sinn mar sgaothaig chuileagan
Air ar sgùradh le Brylcreem, Lifebuoy, Siabann Derbac.
Grèim bàis air na crogain-silidh—
Cead-siubhail gu flaitheanas.
Fàileadh a' chorc' mar thùis.
Am 'Pit'—na treastaichean maide le cladar
Aig *matins* leis a' ghràisg
A-nis socair air sgàth
Na beucail aig MGM.

Bhuinnig sinn Ameireaga
Thug sinn bòidean dìlseachd don bhrataich
Chùm sinn grèim air ar mionaichean aig Pearl Harbour,
Thilg sinn sgalldaireachd mar eucoraich Chicago.
Chùm sinn cunntas air na h-*asdic pings* on Chuan Siar
Agus nuair a bhris an ridhle le sglapadaich
Sheas sinn air an àrd-ùrlar as a' Chorcaidh
A' seinn àrd ar claiginn, a' dèanamh cèilidh
A' priobadh ar sùilean anns an t-solas mhealltach
Gus an do ruith an saoghal ìomhaigheach a-rithist.
Gus an do laigh sinn sìos—a' bàsachadh le Jim Bowie,
An fhuil agus am fallas nar sùilean
Ag ionnsachadh luach onair agus saorsa.

Aig an taigh a-rithist
Paisgte nar plaideachan
Ri taobh ar teine
Ag amharc air prairies
An t-seòmair-shuidhe,
A' cur charan air baraillean ar piostalan,
Cinnteach gun toir sinn buaidh
Air Garbh Chrìochan Ameireaga
Mus tèid sinn a chadal a-nochd.

The Corky

The Ardgowan Cinema in Glasgow

Early Saturday
We swarmed there, freshly scrubbed,
Brylcreem, Lifebuoy, Derbac Soap.
Our jam jars—
A ticket to heaven.
The smell of cork as incense.
The Pit—with its clattery wooden pews
Matins for the squalling hordes
Mesmerised to silence
By the roar of Metro Goldwyn Mayer.

We mastered America
We swore allegiance to the flag
Held our intestines in at Pearl Harbour,
Spat insults with the best of the Chicago mobsters.
We counted those asdic pings in the North Atlantic
And when the reel guttered to a broken halt
We took to the stage in the Corky
And sang our party pieces
Blinking in the false light of real life
Until the pretend world ran again.
And as we lay dying with Jim Bowie,
The blood and the sweat in our eyes
We learned the cost of honour and freedom.

Back home, wrapped in our bedrolls at night
Our eyes rolled over the prairie
Of our fire-lit front room,
And we spun the barrels of our six-guns,
Knowing we could conquer wild frontiers before bedtime.

Cha b' e Mise Sgeulachd mo Mhàthar

Cha b' e an fhuil às mo rùdain-sa
A dhòirt don bharailte
'S gun mi ach ceithir bliadhn' deug
Ag ionnsachadh mu na deòir shaillte
Agus faclan mosach
A' seasamh suas air mo shon fhìn ann an Great Yarmouth.

Cha b' e mise bha air a taghadh
Le seòladair gasta
A' fàgail beannachd aig an rèile
'S e tarraing a ghaoil tarsainn nan cuantan.

Cha do shlaod mise riamh
Pram, is ceathrar chloinne sìos dà staidhir
A' falbh don *steamie* aig briseadh an là.
Cha b' e mise a sheas air sàiltean àrda, air mo chorra-biod
A' sgrùdadh Liosta Lloyd's anns an leabharlann
A' siubhal bàta air chuairt gu Valparaiso.

Ach bha thusa air do thuras fhèin
Bho chutadh, gu searbhanta, gu Banaltram na Banrighe,
'S mu dheireadh, nam mhàthair.
'S e sibhse a dh'ionnsaich dhòmhsa meatafor
Bho Zane Grey le 'a shùilean a' roileadh thairis air na prairies'.
Sibhse a theich leam gu na *films*.
'The Song of Bernadette' rud a thuig mi,
Agus 'An Affair to Remember'
Nach do thuig mi fhathast.

Tha mi nis an sàs nam sgeul fhìn
A' cleachdadh nan cànan a fhuair mi
'S na faclan a thug sibhse dhomh
Agus litrichean às dèidh m' ainm
Nach eil a' cunntais mòran
Aig a' chuairt mu dheireadh.

I Am Not My Mother's Story

I am not the one whose knuckles bled into a barrel
At the gutting, at age fourteen
Then learned about salty tears and coarse words
And how to stand my ground in Great Yarmouth.

I am not the one hand picked
By a handsome sailor
To wave goodbye at the rail
Then carry your love across oceans.

I have never coaxed a pram and four children
Down two flights and trailed to the steamie at dawn.
I am not the one who stood on tiptoe in my court shoes
Scanning Lloyd's List in the library
For a ship bound for Valparaiso.

But you were on your own voyage;
By the end you had sailed
From herring girl, to skivvy, to Queen's Nurse, to be my mother.
You were the one who taught me metaphor
From Zane Grey with 'eyes rolling over the prairie'.
You were the one who stole me away to films.
'The Song of Bernadette', which I understood,
'An Affair to Remember'
Which I remember—but never understood.

Now I am in my own story
Using languages for my journey
With the words you gave me
With letters after my name
Which added together
Mean a lot less
At the final count.

Moire Mhàthair 's a Pàiste fon Turaid Faire

Moire Mhàthair 's a pàiste
Fon turaid faire
Chan eil agad ach aon dìon
Do chùl ri solais nach dìobair
'S iad gu buan a' creachadh
Ar neoichiontais
An latha ciùin
A' cromadh air falbh
Bho bhealach Ruaidheabhal
Gu muir farsaing.
Tha ghrian a' tuiteam mar dhòrtadh fala
Meuran dearga ag achanaich
Tro sgurran an dorchadais.
Ach thusa nad dhìomhaireachd
Caol, ciatach, mar iteig
Nad ìomhaigh do ghinealach ùr
Còmhdaichte nad chleòca fionn-gheal
Fiamh a' ghàire air do ghnùis
'S tu làn dòchais mar mhàthair
Do phàiste air a thogail suas
Cinnteach gun toir E buaidh
Fada thairis air Ground Zero 's Guantanamo
Ged thèid làithean ar n-aithreachais nan smàl.

Madonna and Child of the Rocket Range

Madonna and child
Below the watch tower
Your one defence
A cold shoulder turned on perpetual lights
Tracking down our innocence
In the gentle falling of day
From Rueval Hill
To the wide sea.
The sun rolls as red as any blood
Crimson fingers supplicating
Before cliffs of darkness.
And you, impenetrable, pencil slim
An icon for a new age
In creamy, understated folds
Your hesitant smile
Hopeful as any mother
You hold your child aloft
Knowing He will make his mark
Far beyond Ground Zero and Guantanamo
To the end of all of our remorseful days
Though all our yesterdays are pulverised to earth.

Tha *Tremarctos Ornatus* ann an Vogue

'Sgrìobhadairean Ùra Albannach anns an Jam House, Dùn Èideann airson Taisbeantas'

B' e sin mo cheann-naidheachd
Ach ag amharc air duilleagan 'a' ghlosaidh'
Dh'aithnich sinn a chèile
Thusa, 'Mathan nan Speuclair
A' dol a-mach à bith'.
Diùid, cùlach, fuathaichte
Air do sgiùrsadh dhan iomall
Gun ghearan a thogail.

Nad shùilean speuclaireach
Tha mi gam fhaicinn fhìn
'S mi nach eil grinn ann an dòigh sam bith
Cha mhotha na sin tha mise ann an *Vogue*
Ach air mo thàladh gu Dùn Èideann
Nam òinseach
Gus bàrdachd a leughadh dhaibhsan
Na h-urracha mòra
Tha ri uchd bàis.

Às dèidh sin
Tha mi a' sgrùdadh 'a' ghlosaidh'
Saoil a bheil mo leithid-sa ann?
Ach, chan fhaic mi ach thusa
A mhathain nan speuclair
Tha a' dol à bith am measg nan gàrraidhean
Ainmeil ann an dòigh
A' bàsachadh aig ciaradh an latha
Gun duilleag ghleansach
Fhad 's a tha ghrian a' deàrrsadh
Thar nan linntean, tro na craobhan
A' toirt dhuinn cobhair
Ann an Cayambe-Coca mun cuairt Quito

Tremarctos Ornatus is in Vogue

'New Scottish Writers Assemble in Edinburgh's Jam House for Showcase Event'

That was my headline
But leafing through the glossy magazine
I saw yours.
We recognised each other
You, the 'Going Extinct—Spectacled Bear'
Shy, elusive
Hunted, hated
You are pushed to higher habitats
But rarely retaliate.

In your so-called bespectacled eyes
I see me
Not in the least ornate or in *Vogue*
Sucked from my habitat to Edinburgh
Reading poetry to a dying breed.
Perhaps making a spectacle of myself.

And after
I scan the glossy
Are there people like me in those pages?
I only see you
The nearly extinct bear
Solitary and arboreal
Gaining a kind of fame
For dying in the light
As your day declines
No more fresh leaves that glisten and restore
And the sun filtering over centuries of trees
In Cayambe-Coca around Quito
And over Queens Gardens, New Town, EH4
There are only the leaves of *Vogue*
Sustaining you and me.

Agus an seo thairis air Gàrradh na Banrigh.
Am Baile Ùr, EH4
Chan eil againne ach duilleagan *Vogue*.

A' cuartachadh nan iomallan
M' ainm-sa cuideachd sgrìobhte air an duilleig
Ann am briathran seargte
'S mi sgriobhadh co-dhùnadh dhomh fhìn.

Encircled.
We paw the margins of society
My name like yours on a page
In a dying language
As I write my own ending.

Aifreann Tòrraidh—Aon Uair Deug

Mar chuimhneachan air Liam Aitchison a chaidh a mhurt ann an
Steòrnabhagh aig aois sia bliadhna deug.

Mar thiodhlacadh sam bith
An luchd-frithealaidh gun iochd
'Cuir do chàr san oisean cheadaichte
Tha thu anns an rathad air na h-uaislean.'
Is sin mar a bha e
Abair latha an àigh
Na meadhanan,
Daoine gun nàire,
Gu leòr nach tàinig riamh
Thairis air doras eaglais.

Bha do chiste geal
Cha robh thu ach buileach nad phàiste
'Òganach' thuirt iad anns na pàipearan
Gus an do nochd mion-fhiosrachadh
Sgeul suainte ann an dòrtadh fala
An sin 's e 'truaghan' neo 'pàiste bochd' a thug iad ort.
Marbh a-nis fad ùine
Tùis ag èirigh mar shamhla
An toiseach, a' bheatha ghoirid, agus a' chrìoch dheireannach.

Anns an eaglais bha mise air an treasta aghaidh
Do thidsear
Gun sunnd
Anns a' chòisir
Cha robh mi ach mì-cheòlmhor.
Smachd air m' anail gus nach dèanainn ràn
Airson an t-saighdeir dhèideige a bha an uinneig a' chàir,
Bha meas mòr agad air—
Gaisgeach ma b' fhìor
Mar a dh'aidich thu fhèin
Mo laochain bhig
A dh'fhuiling fo làmh nan sàr mhurtairean.

Requiem—11am

In memory of Liam Aitchison who was murdered in Stornoway
aged sixteen years.

Like any other big funeral
The passkeepers show no mercy
'Park parallel—you're blocking the whole show.'

It was just that—
The press,
Gawkers
Many who had not darkened a door.

Your coffin was white
But you were not quite a child.
'Youth' it said in the paper
Until after the details
Long and gory.
Reassigned, you are 'poor child'—'victim'.

You were long dead by now
Hence the incense for the
Beginning, a foreshortened middle, and an end to it all.

I was in row one
Your teacher
And in the choir
My worst performance.
Small breaths in case I cried
For the toy soldier in my windscreen,
You loved it—
A pretend warrior
Like yourself
My first and only murdered boy.

Màiri à Magdala, na h-Aonar le a Smuaintean

Bha dròbhan dhiubh air cladaichean Ghalile
Gràisg nan sgothan iasgaich,
'S an cuid sìol a' fannachadh leis an acras
Beòil fosgailte
Sùilean dall.

Is tusa led threud
Ag èaladh gu tìr
Falamh.
Na beathaichean acrach, air an clisgeadh,
Na marsantan a' gearan 's a' caitheamh smugaidean
'S gam sgrùdadh gu drùiseach.

Air dhut do ghàirdeanan fhosgladh,
Bhiathadh iad agus dh'fhàs iad socair.
Am measg an t-sluaigh
Sheas thu
Fada os cionn chàich.
Fada nad bharail fhèin—a rèir choltais.
Bha brunndail a' dol
Is fathannan a' dol mun cuairt
A dh'aindeoin do shùilean bàidheil
A' glaodhaich,

'Bi timcheall orm
Bheir urram dhomh
Thoir gaol dhomh.'

Cho luath 's a mhothaich thu dhòmhsa
Bha thu aig mo dhoras;
Cha b' e ruith ach leum
Agus bha iad mionnaichte
Gun robh sinn còmhla
Ann an gaol.
(Leig mi leotha.)

Mary of Magdala by Herself

The shores of Galilee awash with them.
All starved, those foul fisher folk
With their spawn. Mouths agape.
Eyes blank.

And you with your raggedy band sliding ashore
Empty to the gunnels.
The merchants
With their beasts hungry and nervous
Muttered and spat,
Rolling their eyes over me in leering speculation.

In the spreading of your arms, somehow they were fed and quietened.
Your height alone quelled them as you stood head and shoulders
On the hillside
Above the rest.
Above yourself—some said.
There was already muttering
Despite your eloquent eyes
Pleading,

'Know me,
Praise me,
Love me.'

One penetrating look
And you were soon at my door;
And famously they said we 'shared a love'.
(I let it stick.)
And yes, you did call on me,
But not for us the reechy kiss
The little death.
I anointed you with oil
But our hearts
Did not run over.

Thadhal thu orm gun teagamh,
Ach cha b' ann 'son pòg sgreamhail
A' bhàis bhig.
Dh'ung mi thu le ola
Ach cha deach ar cridheachan thairis.

Ann am priobadh na sùla
Bha thu mar uirsgeul
Cha do dh'amhairc mi air do chràdh neo air na dh'fhuiling thu.
Do bhàs.
Na boireannaich a' sgiamhail,
Dhubh mi às iad
Làn pròis gun robh mo chridhe fhèin
A' cumail a-mach às.

Ach—gun fhiosta—thill thu thugamsa
Dìreach aon turas
Mar chomharradh air an deireadh ùr.

Ach bho àm gu àm
Air cladaichean Tabgha
Bidh thu tighinn fa-near dhomh
Aig dol fodha na grèine
Am measg nan reultan aognaidh
A' chraobh bhàn-dhearg almon
'S a blàthan cùbhraidh
A' cur na fìrinne eagalaich mu sgaoil.

Before I knew it
You were past tense.
I did not watch the death throes.
I shut out the *ululantes*
Quite proud of my own heart
Beating a retreat.

And then you were back—just once to me
Like a consummation of a new ending.

Sometimes on the shore at Tabgha
I catch you in the sun setting
Just to a pinpoint
Among the bleak stars
And gaze upon the pink almond tree
Scenting the cruel truth.

Foill

Às dèidh na cuilbheirt
Mi faicinn cùisean ann an dubh 's an geal,
'S e sin a thilg iad ormsa
Mi fhìn a' draibheadh dhachaigh

Le fearg, cnapan de chlach-mheallain
Ann an deàrrsach robach uisge,
Sguab an t-siabaire a' sglapadaich
Greann orm tron ghlainne

Dhorcha. Cha mhòr nach do bhuail mi
Air caora a' leum à cochall a cridhe
Gu iomall an rathaid
Le ceumannan grinn

Sgiobalta, 's i a' mèilich 's gam choireachadh.
A' siubhal an fhearainn chì mi dròbhan
De ghillean-feadaig
A' sealg mar phaca mosach

Làn ceilg, a' cùrsadh 's a' sgaoileadh
Air iteal, mar bhogsa-ciùil
Sna h-iarmailtean, ann an aon riaghailt,
Plàigh de pheacaidhean-bàis

Nach fhaigh mathanas bhuamsa
'S mi fhathast aon-dathach, a' faicinn
Cho èibhinn 's a tha gnothach brònach
Agus gu h-àrd sna speuran

A' chomhachag-bhàn
Mar bu trice na h-aonar, gun ghuth,
Gam chuartachadh gu seòlta
'S gam sgrùdadh

Treachery

After much treachery
I see things in black and white,
Or so I am told
And I see myself driving home

In a rage of gravelly rain
And spurting puddles,
Slapping wipers
And glowering through the screen

Darkly, I almost don't see
A white sheep
As it sashays to safety
With a flurry of nimbly executed

Low cuts, and accusing bleats.
In my white horizon I see platoons
Of little black dunlin birds
The ones that hunt in packs

Treacherously, folding and unfolding
Their concertina flight
In one dimension
Like a dark rash of mortal sins

Unforgiven, by me
I remain monochromatic
Seeing the comic side of the almost tragic
And above my head

I see the snowy owl
Chiefly diurnal and solitary
Whose voice is normally silent
Gliding furtively, it can see me

Nam dhathan fìrinneach
Air an rathad dhorcha,
Sreathan beaga geala gam stiùireadh dìreach
Nam fhògarrach fa sgaoil.

In all my colours,
On a black road
With thin white lines guiding my course
Evading capture.

Mo Bhrìghde Bhòidheach

Bho chùlaibh cabhann do leapaig
Tha thu seasamh os mo chionn
Tha mi gad fhaicinn tro shuailean cadail
Mach 's a-staigh air mo shealladh
Tha thu caitheamh pìosan plaide,
Dèideagan, mathain, sgudal orm
'*Up*' ars thu fhèin, '*Up*'.
Do làmhan sgaoilte don latha làn chothrom.
'Mach' thuirt thu, 'Mach'.
Nach neònach an smachd a th' agad
Air caochladh chànan.
Tha dà chainnt-mhàthar agad
Aonan airson gach bliadhna.
Tha thu gam atharrais le fiamh a' ghàire
'S mi a' meòrachadh ort fhèin

Brìghde Bheag Bhòidheach
My beautiful Brìghde
'S tu mo dhalta bìodach
'S mo leanabh bho Dhia
'S e mo dhùrachd nach biodh crois agad ri tharraing
'S mi gad thogail am broinn mo chridhe
Is tusa gam ghiùlan a-steach nad bheatha.

My Beautiful Brìghde

From behind your cot bars
You stand above me
I see you through waves of sleep
In and out of my perspective
You swat my face with bits of blanket
Toys, bears, bric-à-brac.
'Up' you say, 'Up'.
Your arms spread out into days of endless possibilities.
'*Mach*,' you say, '*Mach*'.
I marvel at your grasp of linguistic variants.
You have two native tongues
One for each of your years.
You mirror my smile
As I reflect on yours.

Brìghde Bheag Bhòidheach
My beautiful Brìghde
You are my little godchild
And my child of God.
I wish you no crosses to bear
As I lift you into my heart
And you lift me into your life.

Beannaich ar Làithean-saora—O Causa Nostra Laetitiae

Tha an tiotal a' toirt iomradh air an laoidh a bhitheamaid a' seinn san sgoil aig deireadh na teirm shamhraidh.

An latha mu dheireadh den sgoil
An laoidh mu dheireadh den teirm
Maquisards a' ghlinne
A' cluich aig Cosa Nostra
Saoghal Al Capone—
Na leig ort neo tha thu marbh!

A' tachairt aig na pòlaichean
Le falach-fead, dreasair beag
Cogadh ùr gach latha
The Bay of Pigs, neo
Cò 's fheàrr? Na Barraich
Neo na h-Uibhistich?

Ruith mi le mo chearcall
A' gliongadaich sìos an rathad
Cho luath ri Lambretta.
Sheas sinn air mullach na beinne
Bàta MacBrayne a' tighinn
Ice cream gach Diciadain.

Ladhran chrùbag air stairseach Granaidh
An togsaid, an abhainn, an cladach,
Crìochan sona nar làithean-saora.

Sgothan beaga nan crogan
Gam putadh a-mach
Balaist, raighd,
Dathan brèagha
Doimhneachd dhorch'
Suez Crisis Looms.

Take and Bless our Holidays—O Causa Nostrae Laetitiae

The title refers to a hymn that was sung in school on the last day of the summer term.

The last day of school
The final hymn of the term
Maquisards of the glen
Playing at Cosa Nostra
The world of Al Capone—
Don't tell or you're dead!

We rendezvous at the poles
For hide and seek and
Make up kitchen dressers
New wars by the day
The Bay of Pigs, or
Who's the best?
The Barrachs or the Uibisteachs?

I ran with my circle
Clink and clank down the hill
As fast as a Lambretta.
We stood on top of the hill
MacBrayne's steamer in sight.
Ice cream on Wednesdays.

Crab claws on Granny's doorstep
The water trough, the river, the seashore,
Delightful margins of our freedom days.

Little tin boats
Shoved out
Ballast, mooring,
Bright colours
Dark depths
Suez Crisis Looms.

Tràighean m' òigridh
Nan rùin èibhinn
Is trioblaidean an t-saoghail
Mar dhuilleig shealastair a thogadh air cuibhill.

The strands of my childhood
As joyful mysteries
The world and its cares,
Lifted like the iris leaf into the whirl.

Cailleachan Bharcelòna

Àite socair—Cathair-eaglais Santa Eulalia
A' chiad tè—
Nighean òg.
Chaidh a marbhadh aois trì bliadhna deug
Am broinn barailte nan spìc iarainn
Nis sàbhailte nad chaibeal, gun fhacal agad dhòmhsa
Is mise an seo, beag chreidmheach
Anns a' chlabhstair far do choisich mi am measg
Bir na' trì geòidh deug bàna,
'S gu h-àrd, ìomhaighean grànda
Gam sgrùdadh far nam ballaichean
Claiginn nam marbh, gràbhalachdan air a' chabhsair.
Cnap-starradh nam rathad 's chan eil dol às ann.

Air an taobh a-muigh, *Placita de la Seu*
Margaid trealaich
An darna tè,
Cailleach oillteil,
Dìol-dèirce ròmach le crogan-airgid a' gliogadaich.
Tharraing mi a dealbh gun chead
'S i nach robh air a dòigh
Thionndaidh i orm a' tilgeil speuran
'S a' maoidheadh orm.
Theich mi, ach chaith i smugaid
Air mo dhruim.
Làn tàmailt, thill mi agus lìbhrig mi dhi tiodhlac
Gus mo chogais a shocrachadh.
Ach bha i cheart cho coma.
'S ged nach tug i mathanas dhomh
Chùm i grèim bàis air m' airgead.

An treas tè—
Am measg nan reiceadairean-sràide
Reic i guailleachan.

Ladies of Barcelona

A peaceful place—The Cathedral of St. Eulalia
The first one—
A young girl
Rolled in a spiked barrel.
Martyred at age thirteen
But safe in your tomb you have no words for me
Though I stand here, with no hope
In the cloister where I walked among
The wailing of the thirteen white geese,
The gawking gargoyles,
The skulls of the dead engraved in stone at my feet.

Outside, *Placida de la Seu*
The rag market
The second one—
As ugly as sin
But a poor soul, clinking her begging can.
I took her picture, and she turned on me swearing
And spitting on my back as I fled.
Ashamed I turned back, tipping her
To assuage my conscience.
She did not care.
For my penitence there was no forgiveness
But she gripped my money
For dear life.

The third one—
Among the street vendors
She sold me a scarf
But rejected my kindness.
'*Quedate el cambio como propina,*'
'Keep the change,' I said.
She shook her head
But smiling, she raised her hand in benediction,

Cha ghleidheadh i an smodal airgid
'*Quedate el cambio como propina,*' arsa mise
'*Keep the change.*'
Chrath i a ceann
Le fiamh a' ghàire, thog i a làmh,
'Dia gad bheannachadh,' thuirt i.
Leadaidh onarach am measg mhèirleach.

A-màireach: Là Fèill Chatalònia.
Ach saoil, cà 'm bi boireannaich Bharcelòna?

'God's blessings,' she said.
An honourable lady amidst a warren of thieves.

Tomorrow: A festival throughout the land.
Catalan Day.
But the Barcelona ladies
Where will they stand?

Sòlas

Glaiste le mo chuimhne
Gun leigheas, gun fhaothachadh
Mi gairm fa chomhair m' inntinn
Na càraichean am follais
Na dràibhearan troimh-a-chèile,
Cha ghabhainn orm coimhead orra.
Bha ciaradh an fheasgair
A' dòrtadh lotan air an t-sliabh
Agus fada shìos—an làn na bhuillean.
Tha an gille marbh na laighe
Mar threalaich na tubaist, air a thilgeil a-mach.
An ath rud stiùir iad a mhàthair air falbh,
'S i ann an dòrainneachd.
Thug mise furtachd dhan dràibhear
I fhèin na h-ìobairteach.
Na siabairean a' beatadh
Suas, sìos mar phuingean
Do rabhadh an oifigeir,
Air sgàth bristeadh fo-earrann an lagh.
Tha 'n sagart a' cur a làmhan ri chèile
Làn cùraim airson a' phàiste
Ga bhrosnachadh gus ath-bheothachadh
Ach tha anam air sìoladh
'S a' sireadh bheanntan airson cofhurtachd
'S gàirdeachas fada thairis air glaic grèim-làimhe gaoil
Neo air duan dìomhair.

The Consolation

Cornered in my mind
From all that might assuage,
I conjure up the turning
A line of cars so clear
The drivers' stricken faces,
Their agitated pacing,
I lift my eyes away.
The bruising twilight curves across the mountainside
And far below, a dark tide—gaining ground.
The dead boy lies and lies
Like any flotsam of the crash
Tipped out.
And next they drive the mother off,
Her face a mime of anguish.
Calmly distracting the lady perpetrator
A victim too, I watch the wipers batting
Forward, back,
In punctuation of the officer's polite insinuation
An infringement of a section of an act.
The priest cups his hands across the child
Willing to caress life in again
But in this reverie
The body's guest has been released,
To haunt the hillside for its consolation
And reaches for a joy
Surpassing love's embrace
And mystic incantation.

A Rèir Mhata

Chì mi thu ann am bruadar
Ann an àrd-aoibhneas agus fo gheas
Le solas nan coinnlean
Mar aisling an dorchadais
Do bhriathran snasail sgrìobhte a-mach
Mar dhìleib phrìseil
Ach a-nise ann an geimhlean
Air èiginn
Ag èirigh mar shaighdearan losgaidh,
'S a' cromadh mar fhir-bhrèige air an crochadh le taoid
Son cluinntinn gun tuigse, do naidheachd ùr.

Bha sinn a' falach mar fhògarraich
Ach sàbhailte nis nar teampaill.
Mar a chualas tro nan linntean
Ghlèidh iad do bhriathran mar sgeul phrìseil
Agus sgaoil iad na riaghailtean òr-bhuidhe
Fada a-mach gu oir a' chuain
'S chaidh na briathran a leasachadh
Mar shamhlaidh
Ach saoil, aig amannan
A bheil ann ach ABRACADABRA
Airson deòir a chumail fo sgàil

'S glaiste fo stìopaill tha luchd-roinn ag èirigh
A' sealltainn air tachartas draoidheil
A chuireas stad air an dorchadas gun chrìoch
'S sinne a' gabhail ris gun tuigse
'S a' leantail an dìobhair gun eagal.

'S a Mhata, nach freagair thu?
Tha Baintighearna na Conair Mhoire a' sgaoileadh a h-ùrnaighean
Agus mise gun dòigh a' sireadh cofhurtair
Nam chleasaiche ceacharra a' siubhal 's a' sireadh
Saorsa dham chridhe
Air chall anns na h-iarmailtean.

According to Matthew

Matthew in the amber candlelight
Your eyes in ecstasy and mesmerised
I see you scrape your hero out
In flawless words.
And if you saw our chained reactions now
Rising in choirs like firing squads
Drooping like puppets on faltering cords
To hear your news.

Secure in pastel temples now
But in the past I've heard it said
They prized your words like contraband
And scurried with your compendium to the brink
To bring us this facsimile.
At times I think it comes to lines
Like ABRACADABRA
For holding back veils of tears

And caged under spires the shareholders rise
For magic repasts
To put parameters on endless night
Swallowing easily with closed eyes
And chased out fears.

And Matthew I pray you reply
For everywhere Our Lady of the Rosary
Unravels her prayers
While I pursue another comforter
In search for freedom
In the empty skies.

Peadar

Saoil cuin a thòisich seo?
Cruaidh-fheum air gaol
Agus pàis nimheil—toiseach neo crìoch?
Thusa led shùilean geura
A' soillseachadh do sholais
Air a' bhruthaich.
Chunnaic mi thu cruth-atharraichte
Agus fhuair mi mo roinn dheth.
Lean mi thu mar chuilean
Ach a' creineadh
Nuair a ghabh thu taobh feadhainn eile:
Eòin—do chompanach.
Anndra, aig do làimh dheis
Agus Seumas, cho cinnteach na bheachdan fhèin—
Iùdas a chuplaich làmhan leat air grèim arain.
Ach mi fhìn,
Mise, bha sireadh fàbhar
Mo chridhe bristeadh le gaol
'S gun diù agad ormsa.
Cha b' fhiach mise seach na boireannaich
A chaidh nad rathad le èiginn
Grèim bàis aca air
Fàitheam do chleòca.
Dh'fhaodainn-sa do chasan a nighe
Bhithinn-sa air fuireach leat aig an tobar
Ach an àite sin
Lean mi thu, a' coiseachd air a' mhuir
'S nuair a chaidh mi ro dhomhainn
Rinn thu gàire orm 's mi ri mòr eagal;
Ach bha thu ùraichte ann an dòigh
Do làmh gam ghreimeachadh
A' sealltainn dhomh pailteas èisg is m' achadh-buana.

Is mi do roghainn-sa
A dh'aindeoin lag-chridhe

Peter

When did it start, this love?
The need to forgive
And who knew would it end or begin
With a savage passion.
You with your knowing eyes
Letting me see you transfigured
On the hillside.
And sharing in that light
I followed you like a pup.
But smarting as you favoured others:
John—a foil for you.
Andrew at your right hand
And James—always certain.
And Judas; even he dared to share a dish with you.
But I
I who cried for your attention
Whose heart melted to your smile
I was less than those weeping women.
Who turned your head with their need.
And clutched at your cloak
I would have washed your feet
I would have waited for you at the well.
But instead I trailed after you on the water
Getting in too deep
And you laughed when I cried in terror;
As you turned, transformed,
Your hand reaching for mine
To show me
The many fish as my harvest.

And yet you still chose me
Despite your sad eyes and my faint heart
When I slept at Gethsemane.
And when I took my sword to Malchus.
Were you listening when I wept outside the court

Agus fearg nuair a spad mi Malchus
Agus do shùilean brònach nuair a chaidil mi aig Getsemane.
An robh thu ag èisteachd nuair a shil mo dheòir
Sa chùirt-lios?
'S fios agad gun deach mi às àicheadh ort.
An do bhrist do chridhe nuair a shlaighd mi dhan dorchadas?

Ach thàinig an treas latha
Le solas ùr
'S le dearbhadh;
Ruith mi fad an rathaid
Làn chinnteach mu dheireadh thall.

Is mise Peadar agus air a' charraig seo...
Is mise am feur seargte
Is mise am flùr a' crìonadh
Is mise an claidheamh a' bualadh air na clachan
Tro na linntean.

Knowing I had denied you.
Did your heart break when I slipped into the darkness?

But the third day
Brought a new light
To a new certainty;
And I ran all the way there
Knowing it at last.

I am Peter and upon this rock...
I am the withering grass
I am the fading flower
I am the sword ringing out on stone
Across the centuries.

Fonn nan Saighdearan

Airson triùir bhràithrean às an teaghlach Steele à Uibhist a dh'eug
sa Chiad Chogadh. Bha aon bhràthair eile na phìobaire 's thill esan
dhachaigh slàn sàbhailte.

Sèist
Guthan an iar, iargain nam chridhe
Guthan an iar, gan tàladh gu sìth

Bha ghrian a' nochdadh air an fhàire
Faileasan air sguabadh thall
An là mu dheireadh aig an dachaigh
'S iad air chuairt nach crìoch gu bràth

Cha robh an dùil gum biodh iad leagte
Balaich ghast' bha fallain slàn
Sìneadh measg nan lusan-cadail
An cluasag dearg mar phlaide-bàis

Bha ghealach air na raointean cogaidh
A' sgeannadh sìos, sùil gheur gun ghràs
Cha chluinn iad guth an iar a' cagair
Gun dùsgadh ann bho bhuille-bhàis

Cha till na gillean òga tuilleadh
Bho na blàran fuilteach fuar
Ach bidh ainglean a' toirt luaidh dhaibh
'S guth an iar ag èirigh suas.

Air for the Soldiers

For three brothers from the Steele family of Uist who died in the First
World War. One other brother was a piper and he returned home safe
and sound.

Chorus
Pain in my heart, voice of the west
Calling them home, to sing them to rest

The sun was lighting up the skyline
Shadows swept out to the west
One last day to share together
For on their course there is no rest

They did not fear that final battle
Proud hearts beating as they led
Now they lie amidst the poppies
A blanket red as blood their bed

The icy moon shines down upon them
Its cold eye cuts a cruel light
But not for them the western voices
To call them back from death this night

These gallant boys are lost forever
On these bloody fields of war
But angel voices call them homewards
To the islands on the western shore.

Fonn nan Saighdearan

Marion F. NicIlleMhoire

RANN

Bha ghrian a' nochd - adh air an fhàir - e

Fail - ea - san a' sguab - adh thall —— An

là mu dheir - eadh aig an dach - aigh

'S iad air chuairt nach crìoch gu bràth ——

SÈIST

Guth - an an iar, iar - gain nam chridh',

guth - an an iar, gan tal - adh gu sìth.

A' Meòrachadh

Thug thu bàta gu muir
Gus d' anam a mheòrachadh
Ann am bruadar ciùin;
Beanntan eagalach
Tràighean farsaing
Muran a' seargadh
Ciaradh an fheasgair
Mar bhriseadh cridhe.
Na ràimh leis a' cheist
Carson 's càite?
Na h-eòin a' sgiathalaich
Cearcaill gun fheum
Sgòthan mar sgiathan
San iarmailt
A' maoidheadh
Air cuimhneachain mhì-rianail
Mun cuairt tràighean seargach
Ann an sguabadh na' stuaghannan
'S lùbadh na talmhainn
Gach rud air a leigheas.

Togaibh ur cridhe
Thig fuasgladh air gach nì
Ach an dorchadas fhèin
A' caoineadh 's a' caoineadh
Gu socair, gun tàmh.

On Reflection

You take a boat to sea
To reason with your troubled design
On the calm frame of the water
Peace in your vision:
The smouldering hills
Formidable sands
Marsh grass withering,
The sun a wilting heart.
The oars enquiring where and why?
Mad cry of the birds in aimless orbits
Shields of clouds treading on the day.
Misting capricious memory
Mastering the white worn strand.
And all that waited solving is resolved
In the spreading of a wave
In the tilt and tumble of the land.

Cheer to the heavens.
Nothing comes amiss:
But the gnawing of the slow night.

Mo Làmh Chlì

Rud ciotach toisgealta
Ainmichte *sinister*—ach a-mhàin ann an Laideann
Neo a' chearrag—a-mhàin anns a' Ghàidhlig.
A dh'innse na fìrinne
Chan eil agam ach leth làimh
Dà mheur millte bhon a leag mi Lachlann
Tubaist rathaid far am fac' mi geal agus dearg
Na faltagan fosgailte gu na cnàmhan.
Binn beatha le grèim lag
Neo meur lùbte.

Air mo sgrùdadh le leasaiche-cuirp
Gam bhogadh mar choinneal chèire
Agus sruth dealain
Agus os-sgana
Ach às dèidh na taoise-cailce
Ghèill iadsan
Mu dheireadh thall
Beag air bheag
Leighis i
Mo làmh thapaidh
A tha gam shaoradh
Le gliocas
A bheireas air briathran snasail
Cho fad 's as beò mi.

My Left Hand

Is *sinister*—but only in Latin
And literally
The wrong hand—*cearrag*
But only in Gaelic.
In reality I have only half a hand
Two digits down since I ran over Lachlan
And saw white on red
Exposed bone.
My ruptured tendons
A life sentence of
Weak grip
Or mallet finger
Or possible permanent atrophy.

Physios mulled me over
With wax baths
Electrodes
Ultrasound
Lumps of putty
Then said—'We give in.'
Left to its own devices
It came back to life
In slow creepy, crawly bursts.
To be my brainy hand
My saving hand
Serving me wittily
As it clutches for words
My whole life through.

Litir gu Dia

Chuir thu mise air bòrd-tàileisg
Gun sgath ach dubh 's geal
Rinn thu an gnothach orm gu cinnteach
Gam sguabadh far a' bhùird
Fada shìos air na sgorran eagalach
A' teàrnadh tro fhàsalachd na sàmhchair
Sealladh ùr is fàth-uabhais
Grèim bàis agam air an ròpa
Gun dad gam chumail bho na h-iarmailtean
Ach karabiner.

Mar sin bha sinn co-cheangailte
'S thuirt mise riutsa
'Am fosgail mi e?'
'S thuirt thusa
'Mas e do thoil e
Dèan do roghainn ris.'

Mheòraich mi
Agus seo mar a dh'èirich:
Rinn mi m' obair dhutsa
Mar chleasaiche air àrd-ùrlar
Ach chum mi mo bheachdan fhìn
Glaiste nam chridhe.

Anns an eaglais sheinn mi dhutsa gu binn
Neo math dh'fhaodte dhomh fhìn
'S ruith na deòir à sùilean an t-sluaigh
Ach cha do rinn mise fiù 's ràn.
Ged a bha thu gam shiubhal 's gam bhuaireadh
Leig thu leam a bhith a' sgiùrsadh chàich
Le mo theanga ghuinich 's le briathran biorach.

Ach tha thu a-nis mar nàmhaid nad ghunnair
A' tighinn dlùth orm

Letter to God

You put me on a chessboard
Everything black or white
And then you outflanked me
To the absolute rim
And I am falling free
Head over heels over silence
Emptiness
And swinging out
My feet on a buttress
Liking the new perspective.
Up above there is a void
And below a long fall.
And I said, cradling the karabiner
'Just one turn—
Let me go.'
And you said—'Go ahead
Free to fall at your own will.'

And I was silent weighing the odds.

So we made a pact.
And I made my life your stage
And I learned to keep my counsel
And hold my tongue in check
And how I could dissemble!

In church I sang like a bell for you
Or maybe just for me
Only to bring veils of tears
To most other eyes.
But you were closing in.
You gave me ones to love
And some to hate
And ones I could destroy

Tha sinn le chèile aig iomall an dorchadais
'S tha mi air mo chuartachadh—
Mi ruith 's a' ruith thugad
Le èigh fheargach na mì-chinnt—
An teich mi neo an till mi...?

Ach chan eil an seo
Ach litir.

With cold indifference
You let me be their scourge and minister.

And now you are a marksman in my field
The few I chose to love having fallen to you.
Even I am in your sights—
And we are both out of the shadows
I run to you
With my voice raging
And you take aim...

But this is only in a letter.

Turas

'S toigh leam an trèan
'S mi a' dol air splaoid
Dorsan a' bualadh,
Fìdeag a' bìgeil.
Mu dheireadh thall—air chuairt.
Bòrd beag dhomh fhìn *tabula rasa*
Cupa cofaidh.
An saoghal a' sguabadh seachad
Leughaidh mi leabhar
Eadar nan sreathan
Òran binn air m' aigne
Tron uinneig
Chì mi m' ìomhaigh
Cò thusa?
A' leughadh mo dhuilleagan
Gam sgrùdadh gun tuigse
Ceist nam chlaigeann
Cà bheil ceann-uidhe?
An t-einnsean a' tùirling
Bho 'sò' gu 'rè'
Ceòl-cadail, ceòl-cadail
Horum-bò, horum-bì
An till mi tuilleadh
'S an till mi tuilleadh?
Ceòl mòr gam thàladh—
Fada dubh, fada dubh, dorcha dubh
Deireadh an rainn, deireadh an rainn
Ann an tunail mòr
Mar uamh
Mar chrìoch.

Journey

I love the train
The final whistle
The doors closing in
On my adventure
My own *tabula rasa*
A cup of coffee.
The world swirling away
I will read my book
Between the lines
A song beating on my mind
Through the glass
I see an image
Who are you?
Reading my pages
Do you even understand
The question in my head
And where will I end?
The track lapses into lullaby
The engine sighs
From 'so'
To 're'
Horum-bò to *horum-bì*
Will I come back?
Will I come back?
The great tune beguiles me
To a tunnel
Long and black
Long and black
Dark and black
Like a cave
Like the end.

Togail-inntinn

Bha an doras sraointe fosgailte
Aig taigh mo sheanar, mar bu trice.
Cho farsaing, aon turas, 's gun do choisich Daisy a' bhò a-staigh
Air a brosnachadh le na gillean luasganach.

Anns an t-seòmar shìos bhiodh gàire a' dol,
'S pìobaireachd, 's deasbad, 's magadh,
Agus na triantan maireannach:
Aran Innseanach, silidh dearg, 's seanchas.
Duilleagan a' phaipeir-naidheachd
Air an lìbhrigeadh seachad
'S cù a' maoidheadh oirnn fon bheingidh.

Cha robh mi eòlach air mo sheanair,
Bha e fad às, mar an dealbh air an dreasair
Freiceadan Lovat air each bàn.
Cha do bhruidhinn e ach fìor chorra uair.
A làmhan mar ràimh a' plubraich na cloinne bige
A-mach às a shealladh le greann.

Ach aon turas
'S mi a' falach an oisean na h-uinneige
Dh'fhosgail e na cùirtearan agus thug e dhomh leabhar—
Agatha Christie, *Partners in Crime.*

'Tha thu math air leughadh,' thuirt e,
'Cùm ort.'
'S le sin, ghabh e mach
A' fàgail tùis de thombaca
Agus lampa gus mo shoillseachadh.

Influence

The door was always open at my grandfather's house.
One time, so wide that Daisy the cow got in
Encouraged by the mischievous boys.

In the living room, there was laughter,
And piping, and debate, and mockery,
And the eternal triangles of
Indian scones, red jam, and stories.
The leaves of the newspapers shared out
And a dog whining dangerously under the bench.

I did not know my grandfather,
He was distant, like the picture on the dresser
A Lovat Scout on a white horse.
He rarely spoke.
His hands like oars batting small children aside
With a growl.

But one time
When I hid behind the curtains on the window ledge
He opened them, and handed me a book—
Agatha Christie, *Partners in Crime*.

'You're good at reading,' he said,
'Keep going.'
And with that he left
Just a whiff of tobacco
And a lamp to enlighten me.

Ùrnaigh an Iasgair

Madainn chiùin agus reul na maidne
Gam dhùsgadh
A' tilgeil plaide an dorchadais don ghealaich.
Aig mullach an rathaid
A' cùr fàilte air an latha
Mo chùlaibh ris a' chloinn bhig
Bha a-raoir ag amharc gun tuigse.
Tì dhubh a' dathadh nan lìon
Na sùilean beaga gam leantainn
Dubhain a' sgaoileadh a-mach...
'S gun ghrèim bìdh air a' bhòrd.
A-raoir am preasa falamh
'S iad a' burralaich
An t-acras gan tolladh
Is mise ciontach.

Chì mi am bàta air bhog
DÒCHAS
Liath agus geal
Dathan a' chuain gam thàladh
Le ròpa, fiodh 's tàirnean
Innealan mo cheusaidh.

Ach seòlaidh mi à Port an Dùin
M' aghaidh ris a' ghaoith
A' treabhadh tro mharcan-sìne
Gus am faic mi m' fhaileas an sgàthan na mara
Aingeal-coimhideach gam threòrachadh.

A' cromadh mo chinn
Aig Bogha a' Chlèirich,
A lùbadh mo ghlùin aig a' Bhàgh Bhàn.
Corran-gealaich, lili, 's crois air a' chloich
Sloc Ghriosabhaig, gu Sloc an Tairbh
Sgeir Nòideamuil gu Rubha na Maighdinn

Fisherman's Prayer

The morning star lightens the sky
And banishes the darkness to the moon.
At the top of the road
I greet the day
I turn my back on the children
Last night they stared at me in wonder
Dyeing my lines in black tea
And the fish hooks unravelling...
With not a bite on the table
They wept
And I am guilty.

I see my boat at anchor.
HOPE
Pale blue and white
The colours of the sea enticing
Rope, and wood and nails
The trappings of my crucifixion.

But I will sail from Port an Dùin
Leaning to the wind
Ploughing through the spindrift
Until I see my shadow
My guardian angel mirrored on the sea.

I bow my head
At Bogha a' Chlèirich,
I bend my knee at the Bàgh Bàn.
Crescent and lily and cross on the stone
Sloc Ghriosabhaig to Sloc an Tairbh
Sgeir Nòideamuil, to Rubha na Maighdinn
The Curachan behind me
A full catch on board.

An Curachan gu siar
Pailteas de dh'iasg.

Cha bhi mi gearaineach a-nochd
Cuile Mhoire a' gleansadh fo na reultan
Ràimh gam stiùireadh gu cinnteach dhan laimrig
Solais mar chearcall le grìogagan òir
Bàgh a' Chaisteil a' deàrrsadh
M' anam aig sìth.

I will not grieve tonight
My store from the sea glitters beneath the stars
The oars guide me to a safe harbour
Jewels of light encircle Castlebay
My soul is at peace.

Macan aig Trì (Uairean sa Mhadainn)

Cò idir ach thusa
Bha tighinn gach oidhche
'An tig thu, an tig thu
Leamsa a chluich?'

'S a' faighneachd cho mionaideach
Bheil dia ann gu h-àrd
'S carson a tha paidhleat
Leis fhèin san adhar

Cò idir ach thusa
Tha tagradh àm pleidhe
'S tu cumail nan saighdearean
'S na *teddies* cho rèidh

'S tu 'g ùrnaigh son sàbhailteachd
Làraidhean 's nan càraichean
'S a' guidhe gun cùm Dia
Do phiuthar bheag slàn

Cò idir ach thusa
Cho glic ris an òr
'S do shùilean cho bàidheil
Le gàire cho còir.

Little Boy at 3 (am)

Who alone but you
Would come to say
'Will you take me, take me
Downstairs to play?'

And ask me
Who is in heaven and why
And why is a pilot
Alone in the sky

Who alone but you
Would ask me to pray
To pray for your soldiers
And teddies and say

God bless my sister
My toys and the stars
And all the late drivers
In lorries and cars

Who alone but you
Could be so wise
And smile with such
Hilarious eyes.

Sgioba-èiginn

Muinntir a' *chrash team*
Seo iad a-rithist
A' tighinn gach seachdain
A' bualadh tro dhorsan dùinte
Cha mhòr a' sgaoileadh a-mach às an TBh
Teis-meadhan greas ort.
Eagal mo bheatha gam thachdadh
'Tinneas cridhe
Aonad adrenalin
Bheir sùil air na *sats*,
Trì fichead 's a ceud thairis air ceithir fichead
Seoc aig dà cheud
Clìoraig, *Beep*, *V-tach*, Clìoraig
Tha chridhe air stad!'
BEEP!
Tha mo chridhe fhìn air stad
Loidhne chòmhnard mharbh.

Ach, ach, fuirich fuirich...!
Tha ruitheam cridhe againn
Tha 'n t-euslainteach beò
Tha mi fhìn beò
Tha mi dannsa rim fhaileas
A' leumadaich le toileachas
A' toirt taing dhan *chrash team*
Cha mhòr nach robh mi a' pògadh an TBh
Abair prògram annasach!

Ach nam laighe san leabaidh
Air mo cheangal sìos le cadal
Timor mortis gam chuartachadh
'S mi le dearg eagal nam chom

Resus Team

Bursting through swing doors
Incongruously closed
Crashing right through my TV screen
Choked with fear
On a weekly basis
Heart failure
One unit of adrenalin,
Checking sats,
A hundred and sixty over eighty
Shocking at 200
Clear, Beep, V-tach, Clear
His heart stops.
BEEP!
My heart stops
Flatlining.

But wait...!
We have sinus rhythm
The patient is alive
I am alive
I punch the air
I kiss the TV
Give thanks to the crash team.
What a programme!

But later
As sleep buckles me down
I am well *timor mortised*
The 'I' that is within myself
Like a boat
Lub dubbing
Into darkness.

Tha mo chridhe mar bhàta
A' beatadh gu cala an dorchadais
Lub dub, lub dub
'S mi an dòchas gum faic mi
Solas
Beag
Bìodach
Gam stiùireadh
Gu madainn.

Hoping to see
Just one more
Pinprick
Of light.

Buidheachas agus Aithneachaidhean

Bu mhath leam taing a thoirt gu h-àraidh don fheadhainn
a chuidich mi lem obair sgrìobhaidh tro na bliadhnaichean.
Fhuair mi brosnachadh ann an iomadach dòigh nam sgrìobhadh
acadaimigeach agus cruthachail bho mo theaghlach agus mo
charaidean air feadh nan eileanan agus ann an àitichean eile.

　　Bu choir taing a thoirt sa chiad àite dhaibhsan a thug taic dhomh
fad na bliadhna mu dheireadh nuair a bha mi a' deasachadh
a' chruinneachaidh seo. Gu sònraichte Màiri NicCumhais, a bha
cho taiceil dhomh agus Rosemary Ward 's an sgioba aig Comhairle
nan Leabhraichean ann an Glaschu.

　　Taing mhòr cuideachd do mhuinntir an Scottish Book Trust ann
an Dùn Èideann a chuir air bhonn bliadhna de ionnsachadh agus
taic tro Dhuais nan Sgrìobhadairean Ùra. Fhuair mi buannachd
mhòr bhon Sgeama Mentor a tha an cois na duais seo le Maoilios
Caimbeul aig an stiùir. Nam bheachd-sa tha esan na fhìor sgoilear
comasach Gàidhlig, agus tha e air leth mothachail agus sgileil ann
am brìgh agus gluasad na bàrdachd.

　　Chan fhaod mi dìochuimhn' a dhèanamh air mo bhràthair,
Dòmhnall Iain, a bha cho deònach agus cho foighidneach
a' leughadh nan oidhirpean bàrdachd agam agus a' tairgsinn
comhairle dhomh. Taing cuideachd do Mhàiri Ceit NicFhionghain,
à Barraigh, mo cho-ogha, a thug dhomh tagsa le bhith a' sgrùdadh
mo chuid obrach agus a thug dhomh misneachd gus mo chànain
a chleachdadh ann an dòigh nàdarra.

　　Feumaidh mi taing a thoirt don Dotair Michel Byrne a bha
gam stiùireadh ann an Oilthigh Ghlaschu, nuair a rinn mi ceum
rannsachaidh ann am Foghlam tro Mheadhan na Gàidhlig ann an
2006. Bhrosnaich e mi cuideachd gu sgrìobhadh cruthachail a chur
ri chèile. Taing cuideachd do Ghillebrìde Mac 'IlleMhaoil a ghabh
ùidh nam bhàrdachd agus a thug dhomh cothrom dàin a leughadh
air an CD ùr aig Guthan an Iar.

Thanks and Acknowledgements

I would like to thank all who have encouraged me in my writing. I have been constantly sustained over the years both in academic writing and in creative writing by the encouragement of many family members and friends in the islands and elsewhere.

Special thanks must go to those who have worked closely with me in the past year to complete this collection. In particular, Mairi MacCuish who has been a tremendous supporter of my work, together with Rosemary Ward and all at Comhairle nan Leabhraichean in Glasgow.

Thanks also to the team at the Scottish Book Trust in Edinburgh who have provided a wonderful year of training and encouragement through the New Writers Award. One huge benefit of this scheme was that I had the help and encouragement of my mentor Maoilios Caimbeul who is not just a phenomenal Gaelic scholar, but has a keen sensitivity for the nuances of sound and rhythm of the words.

I must also give particular thanks to my brother Donald John who has shown enormous patience and support in reading my drafts and offering his learned advice. Thanks as well to my cousin Mary Kate MacKinnon, Barra, whose advice, extensive knowledge of natural spoken Gaelic and sensitivity for the poetic voice have been invaluable.

In addition, I must mention my former supervisor at Glasgow University, Dr Michel Byrne, who guided me through my academic study when I wrote my thesis on Gaelic Medium Education in 2006 but who has also supported me in my creative writing. I must also thank Gillebrìde MacMillan whose interest in my writing led him to ask me to read poems for the new Guthan an Iar CD.

As a teacher in Sgoil Lionacleit I was encouraged by the Gaelic Department members over many years to develop my interest in writing and I would like to thank those past and present who

Tha mi fada an comain luchd-teagaisg Gàidhlig Sgoil Lionacleit a bha cho deònach taic a thoirt dhomh le bhith a toirt dhomh leabhraichean, a' coimhead air an sgrìobhadh agam agus gam bhrosnachadh ann an iomadach dòigh. Taing shònraichte do Shìne NicEachainn a thug misneachd dhomh fad bhliadhnachan.

Anns an dealachadh, tha mi a' toirt taing don Dotair Emily McEwan-Fujita, Clò a' Bhradain, a bha gam stiùireadh tron obair foillseachaidh.

Chaidh na dàin a leanas fhoillseachadh anns na h-àitichean a leanas: 'Moire Mhàthair 's a Pàiste fon Turaid Faire/Madonna and Child of the Rocket Range' agus 'Beannaich ar Làithean Saora—O Causa Nostra Laetitiae/Take and Bless our Holidays—O Causa Nostra Laetitiae' ann an *Lunch at Yes: New Writing Scotland 20: 2002*, deasaichte le Moira Burgess, Hamish Whyte agus Kevin MacNeil; 'Màiri à Magdala na h-Aonar le a Smuaintean/ Mary of Magdala by Herself' ann an *Talking About Lobsters: New Writing Scotland 34: 2016*, deasaichte le Gerry Cambridge agus Diana Hendry; 'An Corcaidh/The Corky' a bh' air geàrr-liosta farpais Reel to Rattling Reel 2018, agus a thèid fhoillseachadh le Cranachan Press, 2018; agus 'A' Meòrachadh/On Reflection' a chaidh a chlàradh airson an albaim *Aig an Iasgach/At the Fishing* le Guthan an Iar, 2018.

indulged my interest in Gaelic for sharing their knowledge, providing me with books to read, and giving me the confidence to continue writing. Special thanks to Jean MacEachen who has been a great support throughout the years.

Finally, I must thank my publisher Dr Emily McEwan-Fujita, Bradan Press, for guiding me through the process of publishing.

The following poems were previously published in the following places: 'Moire Mhàthair 's a Pàiste fon Turaid Faire/Madonna and Child of the Rocket Range' and 'Beannaich ar Làithean Saora—O Causa Nostra Laetitiae/Take and Bless our Holidays—O Causa Nostra Laetitiae' in *Lunch at Yes: New Writing Scotland 20: 2002*, edited by Moira Burgess, Hamish Whyte & Kevin MacNeil; 'Màiri à Magdala na h-Aonar le a Smuaintean/Mary of Magdala by Herself' in *Talking About Lobsters: New Writing Scotland 34: 2016*, edited by Gerry Cambridge and Diana Hendry; 'An Corcaidh/The Corky' short-listed in the Reel to Rattling Reel Competition 2018, to be published by Cranachan Press, 2018; and 'A' Meòrachadh/On Reflection' recorded for the album *Aig an Iasgach/At the Fishing* by Guthan an Iar, 2018.

Mun Ùghdar

'S ann am Barraigh a rugadh Marion F. NicIlleMhoire ach chaidh
a togail ann an Glaschu. Rinn i ceum MA agus MLitt ann an
Oilthigh Ghlaschu agus bha i na neach-teagaisg ann an Glaschu,
an Dalabrog, Uibhist a Deas agus ann am Beinn na Faoghla.
Ann an 2017, bhuannaich i Duais nan Sgrìobhadairean Ùra o Urras
Leabhraichean na h-Alba agus o Chomhairle nan Leabhraichean.
Choisinn *Adhbhar Ar Sòlais* an dàrna àite airson Duais Dhòmhnaill
Meek ann an 2018.

About the Author

Marion F. Morrison was born in Barra and raised in Glasgow. She earned an MA and an MLitt at Glasgow University and was a teacher in Glasgow; Daliburgh, South Uist; and Benbecula.
In 2017 she won a Gaelic New Writers Award from the Scottish Book Trust and Gaelic Books Council. *Cause of Our Joy* won second place in the Donald Meek Award in 2018.